AF316889

LES
IMPUISSANTS

QUESTION

DES

ÉCOLES COMMUNALES

Edmond **ARNOUS-RIVIÈRE**

Prix : 20 Centimes.

NANTES ET PARIS

CHEZ TOUS LES LIBRAIRES

Septembre 1871.

LES IMPUISSANTS

QUESTION DES ÉCOLES COMMUNALES

On ne vous demande pas en France ce que vous valez, mais bien quelles sont vos protections, vos assises, votre fortune, vos moyens d'intrigue, la coterie à laquelle vous appartenez. Chaque petite église politique accapare l'honnêteté, comme les bigots accaparent la vertu ; la phalange serrée des fonctionnaires accapare le pouvoir et il ne reste rien *pour les autres*. Cependant, *les autres*, c'est la nation ou du moins son immense majorité. Avec un jugement ferme, un esprit indépendant, on répugne à s'enrôler sous une bannière quelconque, où l'on serait forcé d'adopter un programme dont on ne pourrait s'écarter sous peine d'être entaché d'hérésie et frappé de proscription. Reste le chemin étroit, difficile de l'isolement, c'est celui où il y aura le plus à supporter, c'est également celui où la conscience, restant la plus pure, vous donne la meilleure des récompenses.

Ne cédons pas à l'engourdissement de la décadence, étudions-en les causes et travaillons au réveil de la nation en vue de la revanche prochaine. — Il faut avant tout ranimer la vie provinciale et combattre sans trève le vice d'origine des fonctionnaires politiques.

Ce ne sont pas les individus que nous détestons, c'est l'institution. Ils deviendront nos amis et nos serviteurs, le jour où, revenant aux traditions de la Rome des premiers siècles, ils n'existeront que par le peuple et ne travailleront que pour lui.

Les attaques personnelles et la raillerie sont de tristes armes de combat, ce sont les plus usitées chez nous parce qu'elles sont les plus faciles à manier par les écrivains d'un pays où le courage d'un duelliste est chose commune, et qui est plus disposé à applaudir une farce plaisante qu'une pensée pratique.

Dans notre chère patrie, l'esprit est fêté, choyé et surtout bien payé, partant, il est audacieux, libertin, souvent cynique. C'est l'enfant gâté de la nation (1). L'intelligence reste obscure, jalousée, pauvre; partant, timide et défiante de ses propres forces. En politique, l'esprit se nourrit d'intrigue, *la faveur* suf-

---

(1) Le succès scandaleux des feuilles spirituelles est le meilleur critérium de la moralité du peuple français. On veut avant tout être amusé, on a soif des cancans du jour; le reste importe peu.

Il faut comparer le tirage des *Débats*, de *la Revue des Deux-Mondes* et des autres produits sérieux de la presse avec celui du *Figaro*, par exemple.

Ce journal, dirigé par le Barnum français, rédigé par des banquistes, est feuilletonniste à la première page, humanitaire, politique, joueur à la bourse dans la seconde; faiseur de calembourgs et obscène à la troisième; je ne parle pas de la quatrième qui ne regarde que la caisse. Et dire que ce groupe de bateleurs compte pour une puissance !

fisant pour parvenir ; l'intelligence a besoin pour se soutenir du travail sérieux et réclame constamment le concours. Voilà une de nos plaies sociales. L'esprit produit des coteries, l'intelligence finit à la longue par réformer les vices, fonder les grandes écoles, et résoudre les grands problèmes.

Enfin, l'esprit est avide de jouissances et de luxe, tandis que l'intelligence se contente de peu et trouve sa récompense dans les suffrages de l'estime publique.

Malheureusement, en France, les intelligences se fuient, et il est rare qu'un homme de mérite, occupant une haute position, ne s'entoure pas d'instinct de médiocrités, afin de pouvoir trôner dans son cénacle sans avoir à subir de contrôle.

Nous aimons les flatteurs ; plus vaniteux qu'orgueilleux, paraître vaut mieux qu'être, avoir vaut mieux que mériter. Cela est fâcheux, car on peut s'aveugler soi-même sur l'effet que l'on produit sans arrêter pour cela les protestations tantôt publiques, tantôt secrètes de la foule au-dessus de laquelle on s'est élevé sans autre mérite souvent que celui d'avoir su plaire à un puissant du jour lorsqu'on était encore obscur.

Selon moi, la véritable pierre de touche d'un homme d'État est le discernement dans le choix de ses coadjuteurs ; et si l'on jette un regard à courte distance sur le passé de nos derniers gouvernements, l'on remarquera que chacun d'eux est bien plutôt tombé par les fautes de son personnel que par les vices mêmes de son mécanisme.

Tant bonne sera une machine, elle ne résistera pas longtemps entre les mains de mauvais mécaniciens, et l'ouvrier prudent et habile peut vivre longtemps d'un outil médiocre. Ce raisonnement appliqué à nos trois ou quatre dernières constitutions amène à conclure que ce sont les hommes d'État et leurs clients qui ont successivement perdu les gouvernements qu'ils servaient.

Nous avons eu abondance d'orateurs, très peu de bons économistes, et la preuve, c'est que l'on change de système tous les dix ans. Beaucoup d'avocats intrigants, spirituels, utopistes ou fougueux nous ont gouverné, mais on ne trouve dans cette pléiade aucune de ces intelligences supérieures, capables de diriger vingt années leur pays avec grandeur et honnêteté. Beaucoup de Mazarins, pas un Richelieu; richesse d'expédients, pauvreté de principes. — On sait où cela nous a mené.

Sans doute, Dieu ne s'est pas engagé à fournir un grand génie à chaque génération de chacun des peuples de la terre. On peut et on doit donc savoir s'en passer, mais à la condition de faire des réformes et de ne pas s'endormir dans les vieilles langes d'un berceau administratif vermoulu.

Ecoutez Desmarest :

« Quand donc comprendrons-nous l'histoire d'hier?
» Quand donc nous apercevrons-nous que, grâce à ce
» système de centralisation qui a dévoré, dévore et
» dévorera tour à tour ses amis et ses ennemis, le
» gouvernement est devenu *un fait extérieur à la so-*
» *ciété;* que le gouvernement constitue une sorte
» d'État dans l'État, de nation dans la nation, ayons
« le courage de dire le mot, *de caste,* ayant ses pré-
» jugés particuliers et ses ambitions personnelles.
» Les Français sont justement fiers de l'égalité.
» Il n'y a plus de prérogative attachée à la naissan-
» ce; soit! Mais ayons au moins la bonne foi de con-
» venir qu'il y a en France deux classes, celle des
» gouvernants et celle des gouvernés, et que, dans
» une certaine mesure, les fonctionnaires ont rem-
» placé les aristocrates.....

» Quand on songe au nombre de fonctions dont
» le gouvernement dispose, à toutes les places dont
» il peut désigner les titulaires, à toutes les faveurs
» qu'il est en droit de conférer, comment ne serait-
» on pas étonné de sa puissance et effrayé de sa res-
» ponsabilité. »

Et remarquez une de ses conclusions :

« Quand le monde n'aperçoit pas d'issue au bout
» des chemins frayés qu'il y a longtemps parcou-
» rus, il doit, *sous peine de s'affaisser et de périr*,
» tenter une autre voie. »

Je placerai ici sous les yeux du lecteur deux sujets
de méditation sur les causes de notre décadence.

En premier lieu, on constatera que la génération
de trente à cinquante ans est à peu près éloignée
des fonctions politiques et des assemblées nationales
et départementales du pays. Nous sommes gouvernés par des vieillards, et les hommes de l'âge que je
cite qui occupent des places importantes ne sont que
les parents, les clients, les favoris de ces vieillards.

Depuis trente ans, à part Prévost-Paradol, les derniers jours de sa vie, et Gambetta qui mérite une
étude spéciale, aucun homme marquant n'a pu se
faire seul une place au soleil. A chaque oscillation
du kaléidoscope de nos institutions, on voit surnager
les mêmes noms et l'on ne sait de quoi s'étonner le plus,
de la longévité de ces hommes ou de leur non
moins longue obstination à se cramponner à la popularité et au pouvoir. Qu'en est-il résulté? L'obs-
truction de toutes les voies et le dégoût des jeunes
générations qui se sont alors jetées dans l'intrigue,
dans le népotisme, la plupart du temps dans la dé-
bauche.

Et cependant l'histoire, à toutes ses époques, nous montre que la virilité des nations réside dans les hommes qui, jeunes encore, conservent la chaleur des sensations et marient ce sentiment avec celui de l'expérience. — On se plaint partout de l'absence des capacités. En peut-il être autrement dans une carrière où la fantaisie seule décide des nominations et de l'avancement, et où le travail vient constamment se briser contre les caprices de quelques vieux omnipotents.

Il n'y aurait cependant rien à dire si ces gens-là avaient rendu la Patrie heureuse, la nation libre, et laissé les étrangers tranquilles ; s'ils avaient bien géré nos finances et s'ils avaient formé des héritiers de leurs talents, capables de perpétuer leurs traditions. Mais, hélas! rien de tout cela n'est arrivé. Nous sommes appauvris, humiliés, plus divisés que jamais, et chaque jour grandit ce redoutable antagonisme entre le prolétaire et le propriétaire. Pourquoi donc alors conserver cette léproserie politique que l'on nomme la centralisation, et de quel droit peuvent se targuer plus longtemps les cinq ou six cents familles qui nous gouvernent pour conserver un monopole aussi stupéfiant. — On se plaint du nombre croissant des déclassés. Tremblez! aveugles et impuissants que vous êtes, car il augmentera encore jusqu'à de nouvelles catastrophes si vous et votre système oligarchique ne disparaissez pas bientôt!

Toute notre vie nous avons entendu vanter par la presse l'habileté des ministres, la facilité avec laquelle ils entraînaient les assemblées délibérantes, et nonobstant, nous avons été conduits aux abîmes. Nous étions donc des moutons dignes de pareils Panurges ou bien nos institutions ne nous permettaient pas de les contrôler, de les arrêter, de les renverser. J'opte pour la dernière hypothèse.

Centralisation, voilà ton œuvre! Vaniteux impuissants méditez sur nos ruines qui sont votre ouvrage.

Regardez ce grand peuple dans ce beau et vaste pays qui se meurt de l'hypertrophie de sa capitale et de l'anémie de ses provinces. Osez nous dire que nous sommes ingouvernables après un demi-siècle d'une même tyrannie sous différents noms.

Allons! du nouveau, du nouveau! Confessons l'impuissance du passé et faisons table rase. Gardons Paris pour capitale, mais restons chez nous et coalisons-nous pour y réveiller l'esprit politique et choisir ensuite tous nos gouvernants. A quand donc une loi électorale sincère???

En second lieu, on doit remarquer que tandis que toutes les professions libérales ne s'ouvrent que devant les capacités reconnues publiquement par les examens, les concours, les élections entr'elles, la carrière politique la plus spéciale et la plus libérale de toutes ne se recrute que par le favoritisme le plus effréné et le moins contrôlé.

L'avocat, le médecin, l'ingénieur, le professeur doit à son travail et à la constatation de ses aptitudes la position sociale qu'il occupe. Nul ne la lui conteste, et c'est encore et toujours au travail incessant qu'il s'adresse pour élargir sa sphère d'action parmi ses semblables.

L'homme politique, c'est autre chose; pour arriver, il doit simplement *plaire*, mais cela il le faut à tout prix. Une fois pourvu, que lui faut-il? Plaire encore, plaire sans cesse, car la minute où il déplait, il est renversé sans merci dans le fossé des déclassés. En vérité, est-ce là un moyen honnête de recrutement pour la phalange administrative? On a beau vouloir rester modéré en traitant de pareils sujets, on n'en sent pas moins une profonde indignation et une non moins grande surprise de voir un peuple soi-disant turbulent supporter un pareil système pendant autant d'années.

On me dira : vous êtes un envieux, un ambitieux ; que reprochez-vous dans votre for intérieur aux fonctionnaires, sinon qu'ils occupent les places que vous convoitez vous-même. Et les niais de rire et d'attendre la réponse. La voici pourtant franche et sans ambages.

Oui, je désire acquérir dans mon pays une position politique, mais je récuse les moyens usités jusqu'à présent pour parvenir à ce but.

Je demande le concours, l'élection, la lutte par l'émulation et non par l'intrigue, heureux si je sors vainqueur de la lice, résigné si j'y suis vaincu, mais décidé à préparer ma revanche par de nouveaux travaux. Je ne vois pas trop ce que l'on peut reprocher à de pareils ambitieux, et je répèterai à l'ancien système mon éternelle question : qu'as-tu produit? rien que des ruines. Retires-toi donc et fais place à un système nouveau ou gare les révolutions nouvelles !

En France, nous nous payons de mots, de clichés, d'idées reçues. En province surtout, si timide que soit un novateur, il est sur le champ suspect. Les citoyens se disent, les uns monarchistes, les autres républicains. Les premiers se divisent en autoritaires et en constitutionnels, les seconds en modérés et en radicaux, et les neuf dixièmes des uns et des autres n'en savent pas plus long, et, qui pis est, ne désirent pas pousser plus loin leurs connaissances dans cette science si difficile de la politique. Ce ne sont pourtant pas les moins ardents en discussion. Je prendrai pour exemple les républicains afin de ne pas passionner le débat avec mes lecteurs royalistes qui me traitent déjà assez mal. Eh bien! demandez aux quatre-vingt-dix-neuf centièmes des républicains qui veulent la liberté de la presse, le droit de réunion avec le jury pour frein, quelle est la loi qui règle la formation du jury? Demandez ce qu'ils entendent par la liberté électorale, la liberté d'enseignement, la décentralisation, etc.? Ils ne savent rien, absolument rien du tout. Les malheureux croient être unis en un seul faisceau, parce qu'ils se disent tous républicains, et ils ne se doutent guère qu'il y a plus de sortes de républiques qu'il n'y a de sectes parmi les protestants, et ce n'est pas peu dire. Ils prennent le mot pour la chose, et croient le mécanisme facile à trouver. Ce sont pourtant ces leviers politiques qui s'appellent loi électorale, centralisation, jury, etc., qui seuls méritent tout d'abord l'attention d'un peuple qui doit justifier sa prétention d'être son propre souverain, sous peine d'être le jouet des ambitieux, qu'ils soient princes ou seulement avocats.

Que font les journaux de la localité pour éclairer et instruire le peuple? L'un mange quotidiennement du prêtre, raille le pape, insulte les croyances ou au moins les respects du plus grand nombre. Prodigue de bons mots envers les royalistes, il est rédigé avec plus de fiel et d'esprit que d'intelligence pratique ; excellent journal de commerce, il a une nombreuse clientèle, il dispose d'un troupeau d'électeurs, il tient le haut du pavé. Ses rédacteurs sont instruits, mais routiniers, et je crains bien que, malgré leur profonde connaissance du journalisme, ils n'obtiennent d'autre résultat que d'irriter la masse ignorante sans la disposer par une bonne éducation politique à la revendication pacifique mais irrésistible de tous les droits populaires.

Le second est autoritaire et regrette l'empire.

Les deux derniers sont plus souvent à Froshdorff et à Rome qu'à Nantes.

Tous les quatre copient largement *le Gaulois* et *le Figaro*, et entretiennent encore des correspondances directes avec Versailles. Les trois quarts du journal y passent ; il le faut bien ! la pauvre province est si affamée des cancans parisiens, des nouvelles d'un tas de gens dont les noms sont connus à défaut de leur mérite !

A quoi aboutit cette existence artificielle du public et de la presse provinciale ? A *l'impuissance.* Les libertés ne viennent pas, les droits ne sont pas plus clairement définis, les devoirs pas mieux compris.

Où est l'initiative individuelle de la province, en face des grands problèmes économiques ou militaires qui s'agitent en ce moment à Versailles ? Chacun écrit ou répète les échos de Paris ou de l'Assemblée. Personne n'émettra une idée qui lui soit propre. Quelques honnêtes et obstinés patriotes bravent les dédains de nos députés et pétitionnent avec plus de constance que de succès. Une fois par semaine on enterre tous ces petits mémoires sous des ordres du jour, des questions préalables ou dans le double fond de commissions bien discrètes. Ce jour-là il y a récréation à l'Assemblée, car *l'Officiel* nous envoie entre maintes parenthèses les échos des rires homériques de nos mandataires. Et voilà tout l'effort dont est susceptible un peuple de trente-cinq millions de provinciaux ! L'anémie est-elle assez démontrée? et reconnaîtrons-nous enfin à quel degré d'impuissance un régime politique débilitant nous a réduit?

En vain les indifférents, les égoïstes vous diront : Eh! que nous importe la politique, nous faisons du commerce, de l'industrie, de la banque. Pourvu que nos affaires marchent bien, nous nous soucions médiocrement de celles de la nation. Soyez maudits, vous tous qui parlez ainsi, car vous oubliez un devoir sacré, l'amour de son pays et le dévouement envers lui. Cette langue que vous parlez, cette vieille civilisation nationale, cette richesse même que vous acquérez ou que vous possédez, mais c'est la Patrie, c'est l'héritage de trente générations d'hommes que vous devez transmettre intact et amélioré à ceux qui vous suivent, et vous ne pouvez, sans déshonneur, vous désintéresser de votre part de responsabilité collective.

Oubliez-vous déjà le lambeau tout sanglant de notre pauvre France que l'on vient de nous arracher? A qui la faute? A de mauvaises institutions politiques et sociales, à l'égoïsme universel qui a laissé le sort du pays aux mains des Impuissants. J'ai vu en Pologne tout un peuple perdre sa nationalité, oublier ses traditions et jusqu'à sa langue. Quelques centaines d'accapareurs politiques ont été l'unique cause de cette grande ruine. Le peuple indifférent et désintéressé est tombé tout entier sans grandeur après quelques essais de résistance contre son triste destin.

Ne repoussons pas cette terrible leçon historique. Pensons à Metz et à Strasbourg. Admettons pour la combattre l'hypothèse que ce n'est dans la pensée de nos ennemis qu'un premier partage. Si Sedan devait se renouveler, un second démembrement serait possible et dans ce cas plus complet. Le nord à la Belgique, la Prusse sur la Marne, la Suisse jusqu'à la Saône, l'Italie près du Rhône, l'Espagne à Bayonne, Paris ville frontière et le midi indépendant. Le cœur frémit et s'indigne à de pareilles pensées, mais ce ne sont pas des hallucinations d'un esprit malade. Relisez 1815, mes chers lecteurs, et vous verrez si l'on y a songé.

Préoccupons-nous moins de l'enseigne des différents partis, et obtenons de bonnes lois sociales, une décentralisation complète au double point de vue de l'administration et des administrateurs. Exigeons par dessus tout une bonne loi électorale, *le reste viendra tout seul,* et nous cesserons d'être des impuissants.

QUESTION DES ÉCOLES COMMUNALES

Fidèle à mon programme d'indépendance, je me moque de toute popularité malsaine, de même que je brave les hostilités individuelles ou collectives que je rencontre le long de ma route. — Rallié sincèrement à la République démocratique, je ne me crois pas tenu à applaudir les sottises de mon parti et je crois lui être utile en combattant ses erreurs avec la liberté d'allure que je réclame pour toutes les opinions.

Nantes possédait des écoles libres dirigées par des frères, lesquelles, au moyen d'une subvention de 25,000 fr., suffisaient à l'éducation primaire des enfants pauvres de la commune. Les dernières élections nous ont donné un Conseil municipal démocratique, mais, faute énorme, elles ont été politiques et non administratives.

La maladresse d'un préfet très-intelligent, mais nouveau dans le pays, l'embrigadement des électeurs par *le Phare de la Loire*, ont produit ce résultat déplorable que les quatre cinquièmes du Conseil municipal proviennent d'un seul canton de la commune, alors que cette commune en contient six.

Sans vouloir m'écarter de la question de l'instruction primaire communale, je crois pouvoir dire que nous avons sous les yeux un triste, mais frappant exemple des inconvénients des vastes surfaces électorales et des listes par groupes imposées aux électeurs qui ne veulent pas perdre leur vote par isolement.

La conséquence immédiate de la victoire de la coterie du *Phare* a été une révolution dans notre budget communal. — Afin d'obéir au mandat prêtrophobe et impératif sous les auspices duquel il avait été élu, le Conseil a renversé le maire, s'est créé une nouvelle signature sociale et dispose aujourd'hui *arbitrairement* et *maladroitement* de nos deniers municipaux.

Je vais essayer de justifier mes deux adverbes.

Je dis *arbitrairement*, parce que, malgré son droit légal de disposer des deniers annuels de la commune, il y a arbitraire évident à les employer à une dépense que la majorité nantaise réprouve. On niera peut-être cette majorité, mais on ne peut le faire sans mauvaise foi, car dans la question dont il s'agit, l'honnêteté la plus vulgaire devrait admettre le suffrage des mères, lequel est aussi compétent dans l'espèce que celui de leurs époux, alors qu'il s'agit de l'instruction de tout petits enfants. En cherchant *quoique en vain* à chasser de l'enseignement les frères de la doctrine chrétienne, on satisfait des passions politiques qui sont complètement hors de cause, et on fait évidemment de l'arbitraire. Mais il ne s'arrête pas là. — Par qui seront nommés les nouveaux instituteurs de notre jeunesse pauvre? Par nos aristocrates démagogues; voilà où est l'absurde; je dirai plus, voilà le ridicule. Si une bonne fois, là comme partout, on remplaçait les nominations fantaisistes par le concours, rien de mieux. Les frères l'accepteraient, et, citoyens comme les autres, s'ils l'emportaient sur leurs concurrents, on devrait les accepter et *vice versâ*, la commune d'accord avec l'Académie imposant le programme des études et en surveillant la rigoureuse exécution.

Qu'avez-vous à dire à cela, faux amants de la liberté ? Vous n'affronterez pas cette épreuve, parce qu'elle est la liberté et que vous ne la voulez que pour vous. Comme tous les passionnés vous êtes aveugles ; cette infirmité ne mène jamais loin ; vous rentrerez dans l'obscurité sous peu et vous méditerez alors sur les inconvénients d'occuper des positions pour lesquelles vous n'aviez aucune des spécialités désirables.

Je dis *maladroitement,* car, financièrement, vous faites un mauvais et inutile emploi des fonds de la commune ; mauvais, puisque vous dépensez quatre fois la somme nécessaire, et inutile, car vos écoles ne seront pas fréquentées, même par les enfants de vos électeurs.

25,000 fr. par an suffisaient jusqu'à présent ; s'il avait fallu augmenter un peu cette subvention on aurait pu prendre sans trop d'inconvénients les fonds nécessaires sur les crédits alloués à la garde nationale (car elle a vraiment trop de tambours et cela coûte cher, l'ordre n'étant pas souvent troublé dans notre bonne ville). Mais vous préférez dépenser provisoirement 40,000 fr., puis faire un emprunt de 600,000 fr., et enfin grever à tout jamais le budget d'une somme annuelle d'au moins 60,000 fr. Eh bien ! que chacun dise son avis sur la matière. Au point de vue financier, je trouve cela *nigaud ;* au point de vue de la liberté, je le trouve injuste, et au point de vue de la politique, puisqu'on veut la mettre à toutes sauces, je trouve le procédé de mauvaise foi.

EDMOND ARNOUS-RIVIÈRE.

5055. — Imp. nantaise Etiembre et Plédran, quai Cassard, 5.